VINDOBONA
VERLAG SEIT 1946

AF867677

HANNS BÄR

INTELLIGENTES LEBEN

eine Auseinandersetzung mit
den Religionen

VINDOBONA
VERLAG SEIT 1946

Bibliografische Information
der Deutschen Nationalbibliothek:

Die Deutsche Nationalbibliothek
verzeichnet diese Publikation in
der Deutschen Nationalbibliografie.
Detaillierte bibliografische Daten
sind im Internet über
http://www.d-nb.de abrufbar.

www.vindobonaverlag.com

ISBN 978-3-949263-77-4
Lektorat: Maria Hentschel
Umschlagfotos: Fedir Popov, Cookamoto,
Gearstd | Dreamstime.com
Umschlaggestaltung, Layout & Satz:
Vindobona Verlag
Innenabbildung: Touristeninformation-
Dresden | Frauenkirche

Gedruckt in der Europäischen Union
auf umweltfreundlichem, chlor- und
säurefrei gebleichtem Papier.

Inhaltsverzeichnis

1. Das Universum

Nach dem Stand der Astrophysik beginnt die Existenz unseres Universums mit dem Urknall vor ca. 13,8 Milliarden Jahren. Damit nehmen Raum und Zeit ihren Anfang und es beginnt ein Prozess, an dessen Ende eine Milliarde Galaxien mit jeweils Milliarden Fixsternen existiert. Die Galaxien bewegen sich mit hoher Geschwindigkeit auseinander. Unsere Galaxie, die Milchstraße, ist eine der großen Galaxien, sie hat zwischen 150 und 350 Milliarden Fixsterne. Einer dieser Fixsterne ist unsere Sonne. Die Fixsterne haben eine starke Anziehungskraft. Damit bieten sie die Möglichkeit, Trabanten in einer Umlaufbahn anzusiedeln. Unsere Erde ist ein Trabant unserer Sonne. Betrachtet man die große Gesamtzahl der Fixsterne, so ist die Bedeutung unserer Erde im Universum relativ begrenzt.

Die Astronomie geht davon aus, dass unsere Naturgesetze im gesamten Universum gelten. Es wird deshalb angesichts der Vielzahl der Trabanten aller Fixsterne vermutet, dass unsere Erde nicht der einzige Ort mit intelligentem Leben ist. Aus diesem Grund wird versucht, Hinweise darauf im Bereich der Radiowellen zu finden.

Die Naturgesetze sind so komplex, dass unsere Wissenschaft sie nur mit großem Aufwand entschlüsseln kann. Die Gestaltung der Naturgesetze ist also eine herausragende intellektuelle Leistung. Die hinter den Naturgesetzen stehende Intelligenz kann man mit Recht allwissend und allmächtig nennen: allwissend wegen der komplexen, vielfältigen Zusammenhänge und allmächtig wegen der Umsetzung in die Realität. Das sind die Eigenschaften, die wir Gott zuschreiben. Gott hat also unser Universum durch den Urknall geschaffen.

2. Menschliches Leben

Vor mehr als einer Million Jahren waren die ersten Homos (Gattung der Menschenaffen) auf unserer Erde: Am Ende dieser Entwicklung stehen der Homo sapiens, der Neandertaler und andere. Der Philosoph Yuval Noah Harari[1] liefert eine schlüssige Erklärung dafür, dass sich der Homo sapiens gegen die anderen Homos durchgesetzt hat und damit als Krönung der Schöpfung den ganzen Planeten besiedelt hat: die „kognitive Revolution" vor 70.000 bis 30.000 Jahren. Dazu sagt Harari: „Das Einmalige ist, dass wir uns über Dinge austauschen können, die es gar nicht gibt." Genauer gesagt: die es in unserer realen Welt nicht gibt. Harari fährt fort: „Legenden, Mythen, Götter und Religionen tauchen erstmals mit der kognitiven Revolution auf."

Die Fähigkeit, sich Mythen und Religionen vorzustellen, versetzt den Homo sapiens in die Lage, große Gruppen von Menschen zusammenzuführen. Wir wissen heute, dass dabei durchaus mehr als eine Milliarde Menschen einen Zusammenhalt finden können. Damit war der Homo sapiens den anderen Homos, die wie andere Tiere nur Horden mit maximal 150 Angehörigen bilden konnten, haushoch überlegen.

---

1 Eine kurze Geschichte der Menschheit. Yuval Noah Harari, 29. Auflage, Pantheon-Ausgabe, März 2015, Deutsche Verlags-Anstalt, München, ISBN 978-3-570-55269-8.

Mythen und Religionen geben den Menschen Zusammenhalt. Die Menschen einer Gemeinschaft halten sich an gemeinsame Regeln, man kann sich gegenseitig vertrauen. Im Zentrum der meisten Religionen steht der Glaube an Gott oder die Götter. Der Glaube an Gott oder die Götter bedeutet vielen Menschen sehr viel, weil er ihnen Orientierung für ihr Leben gibt. Damit stärkt der Mensch aber auch sein Selbstwertgefühl: Er erhebt sich über das Tier.

3. Die Bibel

Religionen vereinen die Menschen und geben ihnen ein Gefühl von Zusammengehörigkeit. Ein gutes Beispiel dafür ist das Zusammenführen und der Zusammenhalt der Israeliten, wie sie im Alten Testament beschrieben werden. Dazu gehört die Darstellung des Auszugs der Israeliten aus Ägypten. Ob das damals tatsächlich so stattgefunden hat, ist ohne Bedeutung. Denn in einer Religion kommt es nicht auf Fakten an, sondern darauf, was die Anhänger glauben. In dieser Beziehung war der Einzug in das Gelobte Land ein voller Erfolg.

Sowohl Archäologen als auch Bibel-Forscher versuchen, die einzelnen Geschichten der Bibel zu verifizieren und sie in die historisch nachgewiesenen Verläufe einzuordnen. Auch wenn dabei so manche Geschichte als unwahrscheinlich bezeichnet wird, so muss man immer bedenken, dass die Bibel ihre Kraft nicht aus den Tatsachen erhält, sondern aus dem Glauben der Menschen.

Die grundsätzlichen Quellen der Religion können die Archäologen aber prinzipiell nicht erschließen: die Offenbarungen, die Abraham und Mose erlebt haben. Denn Gott offenbart sich wohl grundsätzlich nur einzelnen Menschen ohne Zeugen oder andere belastbare Beweise.

4. Zehn Gebote

Die Einteilung der in der Bibel aufgezählten Gebote in zehn Gebote ist in den verschiedenen Kirchen unterschiedlich festgelegt (Zehn Gebote Wikipedia[2]). Wir folgen hier der Einteilung der römisch-katholischen Kirche.

Gebote 1 bis 3:	Das Verhältnis zu Gott: Selbstvorstellung Gottes, Fremdgötterverbot, Bilderverbot, Namensmissbrauchsverbot, Sabbatgebot.
Gebot 4:	Elterngebot
Gebote 5 bis 8:	Mordverbot, Ehebruchsverbot, Diebstahlsverbot, Falschzeugnisverbot
Gebot 9:	Begehrensverbot (Frau)
Gebot 10:	Begehrensverbot (Haus und Güter)

Das Verhältnis zu Gott

Diese Gebote gelten für jeden Menschen

Das Elterngebot

Bedenkt man, wie ein junger Mensch in den Glauben eingeführt wird, so kommt den Eltern eine ganz besondere Aufgabe zu. Sie sind es, die dem Kind als Erste den täglichen Umgang mit dem Glauben durch ihr Beispiel vermitteln.

---

2 Zehn Gebote, Wikipedia, https://de.wikipedia.org/wiki/Zehn_Gebote, letzter Zugriff: 04.10.2022.

Es ist ein Gebot, das für jeden Menschen zu Gunsten seiner Eltern gilt.

Mordverbot, Diebstahlsverbot, Falschzeugnisverbot

Diese wichtigen Gebote regeln das Zusammenleben der Menschen. Es sind Gebote, die für jeden Menschen zu Gunsten aller anderen Menschen gelten.

Ehebruchsverbot

Das Gebot gilt für alle Menschen zum Schutz der verheirateten Menschen.

Begehrensverbot (Frau)

Das Gebot gilt für alle Männer zu Gunsten der verheirateten Männer. Ein entsprechendes Gebot für Frauen gibt es nicht.

Begehrensverbot (Haus und Güter)

Das Gebot gilt für alle Menschen zu Gunsten der Privilegierten.

Die Bevorzugung der privilgierten Schichten wird auch beim Thema Sklaverei sichtbar.

5. Sklaverei

Die Bibel schränkt die Sklaverei nur unter ganz engen Bedingungen ein: In 2. Mose 21 wird – gleich nach den Zehn Geboten – bestimmt, unter welchen Bedingungen ein Sklave gehalten bzw. entlassen werden soll.

„2 Wenn du einen hebräischen Sklaven kaufst, so soll er dir sechs Jahre dienen; im siebenten Jahr aber soll er freigelassen werden ohne Lösegeld. 3 Ist er ohne Frau gekommen, so soll er auch ohne Frau gehen; ist er aber mit seiner Frau gekommen, so soll sie mit ihm gehen. 4 Hat ihm aber sein Herr eine Frau gegeben und hat sie ihm Söhne oder Töchter geboren, so sollen Frau und Kinder seinem Herrn gehören, er aber soll ohne Frau gehen. 5 Spricht aber der Sklave: Ich habe meinen Herrn lieb und meine Frau und Kind, ich will nicht frei werden, 6 so bringe ihn sein Herr vor Gott und stelle ihn an die Tür oder den Pfosten und durchbohre mit einem Pfriemen sein Ohr, und er sei sein Sklave für immer. 7 Verkauft jemand seine Tochter als Sklavin, so darf sie nicht freigelassen werden wie die Sklaven. 8 Gefällt sie aber ihrem Herrn nicht, nachdem er sie für sich bestimmt hat, so soll er sie auslösen lassen. Er hat aber nicht Macht, sie unter ein fremdes Volk zu verkaufen, nachdem er sie verschmäht hat. 9 Hat er sie aber für seinen Sohn bestimmt, so soll er nach dem Recht der Töchter an ihr tun. 10 Nimmt er sich aber noch eine andere, so soll er der ersten an Nahrung, Kleidung und ehelichem Recht nichts abbrechen. 11 Erfüllt er an ihr diese drei Pflichten nicht, so soll sie umsonst freigelassen werden, ohne Lösegeld.“[3]

---

3 Rechte hebräischer Sklaven, ERF Bibleserver, 2.Mose 21 Lutherbibel 2017, https://www.bibleserver.com/LUT/2. Mose21, letzter Zugriff: 06.10.2022.

Das gilt nur für die *hebräischen Sklaven. Die* Bibel nimmt Rücksicht auf die privilegierten Schichten der Gesellschaft. Ist ein Leben der Privilegierten im Altertum ohne Sklaverei nicht denkbar?

6. Eine Religion der Privilegierten

Die christliche Religion begünstigt privilegierte Männer.

Schon das Alte Testament zeigt eine Tendenz zur Bevorzugung der privilegierten Männer. Den ersten Hinweis geben die Zehn Gebote (Gebote 9 und 10: Begehrensverbote).

Noch deutlicher ist der Umgang mit der Sklaverei, die ja keinesfalls verboten ist. Im Gegenteil: Die Sonderregelungen gelten nur für die hebräischen Sklaven. Wer sich die Haltung von Sklaven leisten konnte, war zweifellos privilegiert. Also ist die Duldung der Sklaverei als eine Bevorzugung der Privilegierten zu betrachten.

Im Mittelalter hatte die Kirche ein besonderes Verhältnis zum Adel und zu den Herrschern. Deutlich sichtbar ist das z. B. in der wieder aufgebauten Frauenkirche in Dresden. Dort ist für die Privilegierten in der ersten Etage eine komfortable Loge installiert.

Heute gehören die Priester aufgrund ihres Einkommens zu den Privilegierten der Gesellschaft. Das gilt zumindest für die höheren Ränge, die Bischöfe, die ja einen wesentlichen Anteil am Erhalt oder der Neuausrichtung der Regeln haben. Sie leisten sich Personal im Haushalt. Hat ein solcher Mann jemals an eigenem Leib erfahren, was Armut bedeutet?

Touristeninformation-dresden.de

7. Die archaischen Regeln der Kirche

Die Kirchen haben viele Regeln, die im Altertum und im Mittelalter von den privilegierten Männern, den leitenden Priestern, aufgestellt worden sind.

Als Beispiel sei das Abtreibungsverbot genannt.

Natürlich ist es leicht, von einem privilegierten Ehepaar, das z. B. vier Kinder mit ausreichendem Personal aufzieht, zu verlangen, dass auch ein fünftes Kind geboren wird. Aber wie sieht das mit einer alleinerziehenden, von Sozialhilfe lebenden Mutter aus, die mit ihren vier Kindern bereits überfordert ist?

Wikipedia[4]: „Das Neue Testament behandelt das Thema nicht. Jedoch lehnen bereits frühe christliche Quellen die Abtreibung ab. [...] In der Synode von Elvira um 306 wurden zum ersten Mal in einem Konzil Abtreibungen verurteilt. Nach der Konstantinischen Wende setzte Kaiser Konstantin die Todesstrafe durch das Schwert auf Abtreibungen; dies war eine große Änderung im Römischen Recht, das vorher überhaupt keine Bestrafung dafür vorsah."

Ohne jede Frage gehört die Abtreibung nicht zu den Highlights der menschlichen Gesellschaft. Normalerweise verstehen

4 Schwangerschaftsabbruch, Wikipedia, Antike und Mittelalter, https://de.wikipedia.org/wiki/Schwangerschaftsabbruch, letzter Zugriff: 04.10.2022.

wir als Sinn eines Verbotes, dass bestimmte Handlungen vermieden oder zumindest vermindert werden. Das Ziel, die Anzahl der Abtreibungen zu reduzieren, ist deshalb durchaus wünschenswert. Das Verbot der Abtreibung ist dazu unter den heutigen Bedingungen aber nicht der optimale Weg.

Wenn man die Zahl der Abtreibungen ernsthaft reduzieren will, muss man ungewünschte Geburten verhindern. Um das zu erreichen, ist eine offene Schulung der jungen Menschen, aber auch großer Teile der übrigen Bevölkerung erforderlich. Wir haben heute weitgehend wirkungsvolle Mittel zur Geburtenkontrolle. Diese Mittel müssen allen Menschen uneingeschränkt und kostenlos überall und jederzeit zur Verfügung stehen. Hier ist ein Umdenken der Gesellschaft erforderlich, da sie noch heute stark durch die römisch-katholische Sexualmoral geprägt ist. Diese katholische Sexualmoral geht auf Augustinus (354–430) zurück, also nicht etwa auf Jesus oder Gott.

Einen klaren Eindruck vermittelt das Zitat:

„Die Kirche gilt heute vielen als sex- und lustfeindlich. Tatsächlich hat sie den gegenseitigen Spaß am Körper lange abgelehnt. Obwohl sie im Laufe der Jahrhunderte ihre Lehre angepasst hat, wirken die Schatten der Vergangenheit immer noch nach.“ (Katholisch.de ist das Internetportal der katholischen Kirche in Deutschland)[5]

5 Der Kampf der Kirche mit der Sexualität, katholisch.de, https://www.katholisch.de/artikel/22636-der-kampf-der-kirche-mit-der-sexualitaet, letzter Zugriff: 04.10.2022.

Wenn eine Gesellschaft Abtreibungen vermeiden will, dann braucht sie eine vollständig andere Haltung zur Sexualität.

Denn das menschliche Leben und das menschliche Verhalten sind stark durch die Naturgesetze bestimmt. Der sexuelle Trieb ist auch ohne das Bewusstsein der Fortpflanzung vorhanden. Diesen Trieb weitestgehend zu verbieten, widerspricht der menschlichen Natur.

Im christlichen Abendland des Mittelalters, auf das diese Regeln zurückgehen, war jedes geborene Kind fast mit Sicherheit ein künftiger Gläubiger. Das Abtreibungsverbot war demnach für das Wachstum und die Stärkung der Kirche zumindest nicht schädlich.

Es ist leicht, scharfe Regeln zu erlassen, wenn man selber davon nicht betroffen ist und dies auch niemals sein wird. So sieht das auch mit der Schwangerschaft aus: Die privilegierten Männer, die Bischöfe, bestimmen die Regeln, aber nur die Frauen sind direkt betroffen.

Natürlich braucht auch die Sexualität Regeln. Die wichtigste Regel ist, dass die Beteiligten an sexuellen Handlungen dies aus eigenem Antrieb tun. Sexuelle Gewalt und sexuelle Handlungen mit Kindern, Jugendlichen oder Abhängigen sind mit allen Mitteln zu verhindern. Das ist bei den Priestern aber wohl nur unzureichend angekommen. Da sie direkt betroffen sind, gibt es beim Missbrauch von Kindern und Jugendlichen überhaupt keine oder nur lasche Regeln bzw. werden sie nachlässig gehandhabt. Das Stichwort heißt „Vertuschung“.

Scharfe Regeln aufzustellen, die für einen selber nicht gelten, diese mit aller Härte durchzusetzen, aber dagegen keine oder nur lasche Regeln zu erlassen, wenn sie einen selbst betreffen können, ist eine menschliche Schwäche. Man könnte sagen: „Es menschelt." Dies weist auch darauf hin, dass die verantwortlichen privilegierten Männer durchaus normale Menschen mit menschlichen Schwächen sind.

Die Frage ist: Geht es überhaupt um die Vermeidung ungewollter Schwangerschaften und um die Abtreibung in der Folge? Oder geht es schlicht um die harte Durchsetzung der Regeln? Geht es um die Macht über die Gläubigen und darüber hinaus um die Macht über die übrige Gesellschaft bis in den Bereich der Politik? Kann man es einem im Glauben gefestigten Abgeordneten verdenken, wenn er bei der Gestaltung von Gesetzen ganz intuitiv die ihm vertrauten Regeln umzusetzen versucht? Wem das nicht gefällt, der muss bei der Wahl der Abgeordneten genauer hinschauen.

Eine weitere Frage ist: Ist das Verbot der Geburtenkontrolle im Angesicht der stark wachsenden Weltbevölkerung noch zu verantworten?

Eine besondere Regel ist, Frauen vom Priesteramt auszuschließen. Hierzu hat Papst Franziskus – von der Öffentlichkeit wenig beachtet – eine Kurienreform veröffentlicht, die am 05.06.2022 in Kraft getreten ist: Anstelle von Kardinälen dürfen künftig Laien die großen Vatikanbehörden, Dikasterien genannt, führen. Erstmals in der Geschichte können auf diese Weise auch Frauen die

Topposten der Kirchenspitze besetzen, so hieß es im Spiegel[6] in der Ausgabe vom 28.06.2022.

Das ist ein beachtlicher Schritt. Dennoch kann das nur ein Anfang sein. Qualifizierte Menschen von bestimmten Ämtern nur deswegen auszuschließen, weil sie weiblich sind, ist eine eklatante Diskriminierung, gegen die die westlichen Demokratien mit aller Härte vorgehen müssten. Im Grunde ist es ein Skandal, dass diese Diskriminierung bisher nicht beanstandet wird. Das kann auf Dauer nicht so bleiben.

---

6 Franziskus' Frauen (HOR), Spiegel Nr. 22/28.06.2022, Seite 79

8. Machtmissbrauch im Außenverhältnis

Die Macht der Priester und Religionsführer

Der Glaube der Menschen an Gott (oder die Götter) verleiht den Priestern und Religionsführern eine außerordentliche Macht. Am deutlichsten sichtbar wird diese Macht im politischen Sinne daran, dass der Papst im Mittelalter die Kaiser gekrönt hat. Der Papst hatte diese Macht nicht aufgrund von Waffengewalt, sondern allein auf der Basis des Glaubens der Kirchenmitglieder.

Im Außenverhältnis ist die Gemeinschaft der Gläubigen ein Machtfaktor. Die jeweiligen Anführer erhalten dadurch eine unglaubliche Macht, Macht vor allem auch gegenüber den anderen Gemeinschaften.

Wie bei allen Institutionen ist die Existenz und Weiterentwicklung der Kirche wichtiger als ihr Inhalt und ihre Werte. Dafür gibt es in der Geschichte eindrucksvolle Beispiele.

Die Feindesliebe in der Bergpredigt

Matthäus 5[7],

1. Als er aber das Volk sah, ging er auf einen Berg. Und er setzte sich, und seine Jünger traten zu ihm.
2. Und er tat seinen Mund auf, lehrte sie und sprach:

…

44. Ich aber sage euch: Liebt eure Feinde und bittet für die, die euch verfolgen

Lukas 6,

27 Aber ich sage euch, die ihr zuhört: Liebt eure Feinde; tut wohl denen, die euch hassen.

…

35 Vielmehr liebt eure Feinde und tut Gutes und leiht, ohne etwas dafür zu erhoffen. So wird euer Lohn groß sein, und ihr werdet Kinder des Höchsten sein; denn er ist gütig gegen die Undankbaren und Bösen.

Die Botschaft verbunden mit dem fünften Gebot (Du sollst nicht töten) verbietet im Prinzip alle Kriege.

---

7 Die Seligpreisungen … Von der Feindesliebe, ERF Bibleserver, Matthäus 5, https://www.bibleserver.com/LUT/Matthäus5, letzter Zugriff: 19.12.2022.

Demgegenüber steht das tatsächliche Handeln der Kirche z. B. im Fall der Katharer: (Wikipedia[8])

„Der okzitanische Adel war zunächst größtenteils auf Seiten der Katharer, auch weil er in Gegnerschaft zum König von Frankreich Philipp II. stand. Ihre Burgen wurden zu Stützpunkten und Fluchtorten für die Katharer (siehe: Katharerburgen). Der unter Simon IV. de Montfort gegen die Katharer begonnene und in mehreren Phasen geführte Albigenserkreuzzug (1209–1229) richtete verheerende Schäden und großes menschliches Leid an, wie etwa die Massaker in Béziers (1209), Minerve (1210) oder Lavaur (1211). Durch den Albigenserkreuzzug und das unerbittliche Vorgehen der Inquisition vernichtete die römische-katholische Kirche zwischen 1209 und 1310 die katharische Glaubensbewegung."

Würden wir das heute „Völkermord" nennen?

Es kommen weitere verheerende Kriege hinzu, die von der Kirche initiiert oder begleitet wurden:

- die Christianisierung von Sachsen,
- die Kreuzzüge,
- der Dreißigjährige Krieg.

8 Von der Feindesliebe, ERF Bibleserver, Lukas 6, https://www.bibleserver.com/LUT/Lukas6,, letzter Zugriff: 19.12.2022. Katharer, Wikipedia, https://de.wikipedia.org/wiki/Katharer, letzter Zugriff: 04.10.2022.

Die Macht über die Gläubigen ergibt sich aus der Nähe des Priesters zu Gott. Der Priester erhält diese Macht durch die Priesterweihe oder ähnliche Rituale. Erstaunlicherweise wird im Zusammenhang mit den Religionen diese Macht nicht erwähnt. Folglich gibt es auch keine Regeln, die ihren Missbrauch unterbinden oder zumindest eindämmen. Dass sich die Träger dieser Macht aber jederzeit bewusst sind, zeigt sich vor allem da, wo diese Macht missbraucht wird.

Wenn die Religion einen Krieg veranlasst oder unterstützt, so ist das ein Machtmissbrauch.

Was bewegt einen jungen Menschen, den Beruf des Priesters anzustreben? Ist es die erwartete Nähe zu Gott, weil sie für ihn und seinen tiefen Glauben so wichtig ist? Oder ist er sich aufgrund seiner eigenen Erfahrung mit den Priestern der älteren Generation bewusst, welche Macht über seine Mitmenschen das Priesteramt verleiht? Ist es für die Erlangung und Erhaltung dieser Macht wichtig, dass nicht darüber gesprochen wird, um zu verhindern, dass den Gläubigen diese Macht bewusst wird?

9. Ukraine-Krieg

Wir kommen zurück auf die Forderung von Jesus: „Liebet eure Feinde." Der Gedanke, dass alle Menschen einander mit Liebe begegnen sollen, so das Miteinander stärken und in Frieden leben, ist etwas ganz Besonderes. Wir hätten dauerhaft Frieden. Die Welt wäre ein Paradies.

Leider funktioniert dieses Konzept aber nur dann wirklich, wenn sich alle, aber auch wirklich alle Menschen daran halten und natürlich auch alle Staaten. Weicht nur ein Einziger von dieser schönen Idee ab, dann bedeutet das für alle anderen eine freiwillige Unterwerfung.

Das ist offensichtlich auch Jesus klar gewesen, als er den Menschen diese Forderung aufgegeben hat. Denn er selber begegnet den Schriftgelehrten und Pharisäern durchaus nicht mit Liebe, wie wir aus seinen Worten entnehmen können. Stattdessen wirft er den Schriftgelehrten und Pharisäern ihr Verhalten gegenüber den Gläubigen und den Propheten vor und wiederholt mehrmals den Satz (Matthäus 23.13 bis 39)[9]:

„Weh euch, Schriftgelehrte und Pharisäer, ihr Heuchler …
von
„die ihr das Himmelreich zuschließet vor den Menschen!"

9 Gegen die Schriftgelehrten und Pharisäer … Klage über Jerusalem, ERF Bibleserver, Matthäus 23-39 https://www.bibleserver.com/LUT/Matthäus23, letzter Zugriff: 19.12.2022.

bis hin zu abschließend:

„Denn ich sage euch: Ihr werdet mich von jetzt an nicht sehen, bis ihr sprecht: Gelobt sei, der da kommt im Namen des Herrn!

Das ist nicht Liebe, sondern die Androhung von Liebesentzug. Das wiederum haben die Pharisäer auch so verstanden und sie haben aus Angst, ihre privilegierte Existenz zu verlieren, dafür gesorgt, dass Jesus getötet wird. Wäre Jesus der Idee der Liebe gefolgt, dann hätte er seine Gradlinigkeit und seine gottbezogene Haltung – wenn auch nur vorübergehend – aufgegeben. Wir aber schätzen an Jesus gerade diese Eigenschaften.

In der heutigen Politik verfolgt der Gedanke „Frieden schaffen ohne Waffen" ein ähnliches Konzept wie die Feindesliebe. Es ist der Gedanke, dass Kriege vermieden werden, wenn alle Staaten auf Waffen verzichten. Um mit gutem Beispiel voranzugehen, könnte der Staat, der dieser Idee folgt, sagen: Fangen wir damit schon einmal an. Auch hier ist der Gedanke als solcher von besonderer Schönheit. Aber auch hier erreicht man Frieden nur, wenn alle, aber auch wirklich alle Staaten dieser Idee folgen und ihre Waffen vernichten. Bleibt ein einziger Staat übrig, der nicht auf seine Waffen verzichtet, so bedeutet das für alle anderen, wenn sie verzichtet haben, dass sie sich freiwillig diesem einen Staat unterwerfen.

Es ist allgemein bekannt, dass die Ukraine bei der Auflösung der Sowjetunion über Atomwaffen verfügt hat. Sie hat seinerzeit freiwillig auf diese Atomwaffen verzichtet.

Der Gedanke, dass die Ukraine heute über Atomwaffen verfügen würde, ist ganz interessant. Denn es ist höchst wahrscheinlich, dass die Russen diesen Krieg nicht begonnen hätten, wenn sie hätten befürchten müssen, dass die Ukraine Atomwaffen einsetzt. Das bedeutet, dass die Atomwaffen die Gefahr eines Krieges nicht erhöhen, sondern bisher durch ihre extreme Gefährlichkeit geholfen haben, Kriege zu vermeiden. So hat weder der Westen noch der Osten nach dem Zweiten Weltkrieg einen direkten Krieg mit der anderen Seite begonnen. Bei allen Auseinandersetzungen war man mit großer Zurückhaltung darauf bedacht, den jeweils anderen nicht so stark herauszufordern, dass es zum Einsatz von Atomwaffen kommt. Ob das so bleibt, ist aber keinesfalls sicher.

Diese Zurückhaltung gegenüber Russland bestimmt auch heute das Vorgehen der Nato.

Im Zusammenhang mit dem Krieg in der Ukraine erscheint es absolut unmöglich, dem Feind, den Russen, Liebe entgegenzubringen. Zu schrecklich sind die Gräueltaten und die Zerstörungen. Die westlichen Länder dürfen nicht den geringsten Zweifel hegen, dass die Russen auch ihre Feinde sind. Es geht den Russen bei diesem Krieg um egoistische Ziele, um eine Erweiterung ihres Einflussbereichs und um den Gewinn von Territorium. Vor allem sollen alle westlichen Werte aus dem Umfeld von Russland ausgelöscht werden, weil sie als Bedrohung angesehen werden.

Im Übrigen sind die sogenannten prorussischen Aktivisten „nützliche Idioten“. Sollte Russland diesen Krieg gewinnen, werden sie in der Bedeutungslosigkeit verschwinden.

Am Ende des Zweiten Weltkriegs haben in Deutschland insbesondere die Frauen eine ungeheure Angst vor den russischen Soldaten gehabt. Der Ruf „Die Russen kommen!“ hat diese Angst zum Ausdruck gebracht. Die jüngere Generation hat die Ängste der Älteren seinerzeit nicht nachvollziehen können und im Nachhinein wurden sie als ein Vorurteil gegenüber den Russen betrachtet. Jahrzehnte später wurde klar, dass die deutsche Armee beim Vormarsch in den Osten genau die Gräueltaten begangen hat, die man beim russischen Einmarsch in Deutschland befürchtet hat. Deshalb kam der Gedanke auf, dass die Angst vor den Russen nicht aufgrund eines Vorurteils, sondern aus Furcht vor der Rache der Russen für die deutschen Untaten bestand.

Ein neues Bild ergibt sich aus einem Essay, in dem Christian Neef[10], ein langjähriger Spiegel-Korrespondent, aus seiner Zeit in Russland berichtet: „Ich habe als Korrespondent in Moskau oft gehört, Menschenleben seien bereits in der Sowjetzeit wenig wert gewesen, und den Krieg gegen die Nazis habe man nur wegen dieser erlernten Härte gewonnen, weil Stalin gelehrt habe, dass für den Sieg jedes Opfer zu rechtfertigen sei. Wegen dieser erlernten Härte glaube Russland, es sei stärker als Europa, und deswegen nehme die politische wie die militärische Auseinandersetzung unbarmherzige Formen an.“

---

10 Stalins Erbe, Christian Neef, Spiegel Nr. 17/23.04.2022, Seite 82. Nach meiner Recherche lautet der Titel „Warum die russischen Truppen in der Ukraine so brutal vorgehen“.

Das rückt die mit dem Satz „Die Russen kommen“ zum Ausdruck kommende Angst in ein anderes Licht. Deshalb ist der Krieg in der Ukraine nicht allein „Putins Krieg“. Ohne die in dem genannten Essay eindrucksvoll beschriebene Verrohung der russischen Gesellschaft könnte wohl auch ein rücksichtsloser Diktator und Kriegsverbrecher einen solchen Krieg nicht durchhalten.

Eine weitere Stärkung Putins ergibt sich aus der Haltung der russisch-orthodoxen Kirche unter Leitung des Patriarchen Kyrill I., der den Ukraine-Krieg uneingeschränkt unterstützt.

Die Christen in der Ukraine haben sich nach der Auflösung der Sowjetunion und der Unabhängigkeit der Ukraine von der russisch-orthodoxen Kirche gelöst und sich der ukrainisch-orthodoxen Kirche angeschlossen. Aufgrund ihrer Größe mit mehr als 100 Millionen Gläubigen hatte sich die russisch-orthodoxe Kirche zur vorherrschenden Institution innerhalb der orthodoxen Kirchen entwickelt – die nun durch diesen Prozess in Frage gestellt wurde. Vor diesem Hintergrund erhält der Ukraine-Krieg auch eine religiöse Bedeutung. So sind in der 2.000-jährigen Tradition des Christentums die Entwicklung und Stabilisierung der Kirche immer wichtige Ziele der Verantwortlichen gewesen, wobei die Inhalte der Kirchen häufig keine Rolle mehr gespielt haben.

In diesem Zusammenhang muss man die Worte[11] von Papst Franziskus verstehen, die er an Kyrill I. gerichtet hat:

---

11 Der Papst verzweifelt an Moskau, Dominik Straub, Hellweger Anzeiger vom 04.05.2022, Seite 3.

„Bruder, davon verstehe ich nichts. Aber wir dürfen keine Staatskleriker sein, wir dürfen nicht die Sprache der Politik verwenden, wir müssen die Sprache von Jesus sprechen, und für den Frieden einstehen." Diese Worte muss man dem Papst hoch anrechnen. Es ist die Abwendung von dem Prinzip „Kirche zuerst".

10. Machtmissbrauch im Innenverhältnis

Die Religion gibt dem Priester eine unglaubliche Macht über jeden einzelnen Gläubigen. Er lässt ihn gemeinsame Gebete sprechen, er kann aber auch bei einer Gegenleistung – z.B. beim wiederholten Aufsagen bestimmter Sprüche – Sünden vergeben.

Immer, wenn Menschen Macht über andere Menschen haben, besteht die Gefahr des Machtmissbrauchs. Die Geschichte der Religionen ist voller Missbrauch der Macht.

Die Inquisition, ein Instrument der Kirche im Mittelalter, ist ein schreckliches Beispiel dafür. Die angeklagten Menschen wurden so lange gefoltert, bis sie die Taten, die ihnen zur Last gelegt wurden und die sie evtl. gar nicht begangen haben, gestanden. Sie wurden dann vom Staat – meist tödlich – bestraft.

Im Altertum und im Mittelalter hatten die Herrscher unbegrenzte Macht. Sie konnten deshalb mit ihren Untertanen willkürlich verfahren.

Die Einführung der Demokratie, des Rechtsstaates, der Gewaltenteilung, der zeitlichen Begrenzung der Ämter etc. haben den Missbrauch der Macht erschwert oder unmöglich gemacht. Dies gelingt heute aber selbst den anerkannten, gut aufgestellten Demokratien nicht vollständig. Man denke hier nur an die Korruption.

Im Bereich der Religionen gibt es solche Mechanismen, die den Missbrauch von Macht erschweren, jedoch nicht.

In den letzten Jahren beschäftigt sich die Öffentlichkeit mit einem Machtmissbrauch im persönlichen Bereich der Priester: dem sexuellen Missbrauch von Kindern und Jugendlichen. Vor ca. zehn Jahren ist das Thema durch einen Artikel in einer amerikanischen Zeitung einer breiten Öffentlichkeit bekannt geworden. Die Kirchen fangen aber erst jetzt an, ernsthaft einzugreifen.

Der sexuelle Missbrauch von Kindern und Jugendlichen ist ein schlimmes Verbrechen. Wenn man sich für einen Moment in die Lage des Opfers versetzt und sich vorstellt, was dort geschieht, so kann man nicht anders, als es zu verurteilen. Dass daraus bleibende Schäden entstehen, ist fast sicher. Spielt bei den Kirchen der Begriff „Anstand“ keine Rolle?

Machtmissbrauch im Innenverhältnis findet offenbar hauptsächlich im sexuellen Bereich statt. Das zeigt die #MeToo-Bewegung, die sich öffentlich unter anderem gegen Prominente und Vorgesetzte richtet, die Abhängige sexuell missbraucht haben sollen. Die Priester reihen sich hier ein, allerdings in besonders erschreckender Weise, weil sich ihre Taten gegen Minderjährige richten. Sie nutzen die Macht, die ihnen von Gott übertragen worden ist.

Allein im Erzbistum Köln sind mehr als 200 Täter identifiziert worden. Man nennt sie rücksichtsvoll „Täter“, obwohl der Begriff „Verbrecher“ treffender wäre. Bei solchen Zahlen kann man nicht mehr von Einzelfällen reden – das hat System. Die Täter sind z. T. weiterbeschäftigt worden, obwohl ihre Verbrechen den Kirchen bekannt waren. Das ist mit dem Begriff „Vertuschen“ gemeint. Die Kirchen haben Verbrecher als Priester beschäftigt.

Ähnlich sieht das Ergebnis der Studie[12] über die Fälle im Bistum Münster aus. Für den Zeitraum von 1945–2018 wurden hier 610 namentlich bekannte Opfer identifiziert. Der Studie zufolge sind an ihnen mindestens 5.700 Einzeltaten verübt worden. Das ergibt im Durchschnitt mindestens 5.700/610 = 9,3 Taten an jedem Opfer.

Man geht bei Berücksichtigung der Dunkelziffer von 5.000–6.000, im Mittel 5.500, betroffenen Mädchen und Jungen im Bistum Münster aus. Wenn an diesen Opfern ebenfalls mindestens 9,3 Taten verübt worden sind, ergibt das mindestens 5.500 · 9,3 = 51.150 Einzeltaten in den 74 Jahren von 1945–2018. Das sind 51.150/74 = 691 Einzeltaten pro Jahr oder 691/365 = 1,89 Taten täglich. Daraus ergeben sich ca. zwei Kinderschändungen täglich.

Das Bistum Münster hatte 2017 1.853.185 Gläubige. Laut statista ist die römisch-katholische Kirche die größte religiöse Institution der Erde und hatte Ende 2019 insgesamt rund 1,34 Milliarden Mitglieder, das ist das 723-fache des Bistums Münster. Geht man von zwei Schändungen pro Tag im Bistum Münster aus, so sind das 2 · 723 = 1.446 Schändungen pro Tag weltweit oder 1.446/24 =

12 Bis zu 6000 Opfer (AFP), Hellweger Anzeiger vom 14.06.2022. Kann man hier noch die Seite ergänzen?

60 Schändungen pro Stunde weltweit. Selbst wenn man annimmt, dass 80 Prozent aller Bistümer ordnungsgemäß geführt werden und Schändungen nicht möglich sind, so verbleiben weltweit immer noch zwölf Einzeltaten pro Stunde.

In unserer Wahrnehmung der Schändung von Kindern und Jugendlichen betrachten wir nur die Zeit nach 1945. Wir wissen nicht, was in den ca. 2.000 Jahren zuvor geschehen ist. Es ist eher unwahrscheinlich, dass der Missbrauch von Kindern und Jugendlichen 1945 schlagartig angefangen hat.

Hier stellt sich die Frage: Ist die Kinderschändung durch die Geistlichen und deren Vertuschung durch die Bischöfe ein Alleinstellungsmerkmal des Christentums?

Alle anderen Religionsgemeinschaften geben Priestern ebenfalls Macht über die Gläubigen. Diese Macht ist in Gesellschaften, die eine homogene Religionsstruktur haben, sogar noch größer. Das gilt insbesondere dann, wenn die Religionsgemeinschaft einen erheblichen Einfluss auf die Staatsführung hat. Diese Macht der Geistlichen ist ja die Voraussetzung für deren Missbrauch.

Die Grundlage für das Bekanntwerden der Missbrauchsfälle waren die Aufklärung, die Rechtsstaatlichkeit und die freie Presse in den westlichen Demokratien. Einem solchen Druck sind andere Religionsgemeinschaften nicht ausgesetzt. Gleichwohl gilt auch hier der Grundsatz der Rechtstaatlichkeit: Ohne handfeste Beweise gilt die Unschuldsvermutung.

Deshalb sieht es so aus, als sei die Kinderschändung durch die Geistlichen und deren Vertuschung durch die Bischöfe ein Alleinstellungsmerkmal des Christentums.

Den Religionsführern aller anderen Religionsgemeinschaften kann man nur dringend empfehlen, das Thema aufzugreifen und die Strukturen – wenn nötig – so zu ändern, dass Kinderschändung durch Geistliche nicht möglich ist. So können sie vermeiden, dass ihre Religionsgemeinschaft irgendwann in eine ähnliche Situation kommt wie das Christentum.

Die christlichen Kirchen haben jetzt angefangen, dieses Thema aufzuarbeiten.

Dabei wäre das Problem – schon vor zehn Jahren – durch folgende Maßnahmen nach dem Nachweis der Tat sofort lösbar gewesen:

- Entziehung aller Rechte inkl. Pensionsrecht und aller Sonderrechte in dem jeweiligen Staat mit sofortiger Wirkung,
- Exkommunizierung,
- Übermittlung aller Erkenntnisse an die staatlichen Strafverfolgungsbehörden,
- Publizierung.

Der Vatikan geht hier (nach zehn Jahren!) den ersten Schritt offensichtlich getrieben von der Öffentlichkeit und der freien Presse.

Viele Kirchenmitglieder ziehen in dieser Situation die Konsequenz, aus der Kirche auszutreten. Sie können es nicht ertragen, einer Einrichtung anzugehören, die Verbrecher als Priester beschäftigt. Würde Gott ihnen das verübeln? Oder müssten sie später die Frage beantworten, warum sie in einer solchen Einrichtung verblieben sind, obwohl ihnen die Sachlage bekannt war?

Wie schon erwähnt ist Jesus im Umgang mit den Priestern sehr direkt. Er sagt in Matthäus 23.13[13]: „Weh euch, Schriftgelehrte und Pharisäer, ihr Heuchler, die ihr das Himmelreich zuschließt vor den Menschen! Ihr geht nicht hinein und die hineinwollen, lasst ihr nicht hineingehen."

In Anlehnung an diesen Satz hätte Jesus als Mensch dazu wohl gesagt: „Weh euch, ihr Pfarrer und Bischöfe, ihr Heuchler, die ihr Kinder und Jugendliche sexuell missbraucht und diese Verbrechen vertuscht!"

Es sind aber nicht nur die Priester und Bischöfe, die beschuldigt werden. Die Studie über das Bistum Münster stellt ausdrücklich fest, dass die Kirche für die Missbrauchsfälle mitverantwortlich ist. Das ergibt sich schon daraus, dass die Verbrechen von den verantwortlichen Vorgesetzten vertuscht worden sind.

Als Gott sieht Jesus diese Taten – vermutlich aus Sicht der Opfer – weltweit jede Stunde zwölfmal. Jeder Einzelfall ist für ihn besonders erschreckend, sind die Täter

13 Gegen die Schriftgelehrten und Pharisäer, ERF Bibleserver, Matthäus 23
https://www.bibleserver.com/LUT/Matthäus23, letzter Zugriff: 19.12.2022.

und Verantwortlichen doch seine Priester. Hier kommt die Frage auf: Wie viele Kinderschändungen pro Stunde kann ein Gott ertragen? Hat sich Gott vielleicht schon lange von seinen Kirchen und Priestern abgewendet, ohne dass die es bemerkt haben? Wir können nur hoffen, dass er sich stattdessen in demselben Umfang den einzelnen Gläubigen zugewendet hat.

11. Religionen

Die Menschen haben sich im Rahmen der Naturgesetze entwickelt. Mit der kognitiven Revolution hat der Mensch die Fähigkeit, aber auch das Bedürfnis erworben, an Gott (oder die Götter) zu glauben. Wie viele menschliche Eigenschaften ist dies bei jedem einzelnen Menschen mehr oder weniger ausgeprägt. Die Tatsache, dass es bekennende Atheisten gibt, steht deshalb nicht im Widerspruch zu dieser Feststellung.

Diese menschliche Eigenschaft ist die Basis der Religionen. Sie stellen dem jeweiligen individuellen Gott jedes Einzelnen den einen Gott gegenüber. Der Glaube an den eigenen Gott wird ersetzt oder ergänzt durch den Glauben an den einheitlichen Gott der jeweiligen Religionsgemeinschaft. Dieser Prozess ist eine Art Standardisierung. Dasselbe gilt für die Gebete und die Rituale. Das gilt natürlich nicht nur für die monotheistischen Religionen, sondern auch für Religionen mit mehreren Göttern.

Dabei ist die Grundlage der Religion angepasst an die Gesellschaft, in der die Religion entstanden ist. Die Bibel gibt dazu eindrucksvolle Beispiele. Sie beschreibt noch heute gültige archaische Regeln ohne Berücksichtigung der heute relevanten Menschenrechte, der Würde des Menschen und sozialer Aspekte.

Die Gläubigen betrachten die Religionsführer als Vermittler zu ihrem Gott (ihren Göttern). Sie glauben, dass der Geistliche eine besondere Nähe zu Gott hat. Das formt den Zusammenhalt der Religionsgemeinschaft. Daraus ergibt sich die Macht der Priester und ganz besonders der Religionsführer im Außenverhältnis. Unter diesem Aspekt sind alle Religionen gleichwertig.

Wenn die Religionsführer einen starken Einfluss auf die politische Führung haben oder wenn die politische Führung die Religionsführer für ihr Handeln gewinnen kann, dann wird diese Macht überall in der Welt genutzt, um Kriege zu beginnen und z. T. über Jahrzehnte fortzuführen. Natürlich führen die Religionsgemeinschaften diese Kriege – bis auf Ausnahmen – nicht selbst. Aber sie initiieren sie oder rechtfertigen sie.

Religionskriege werden nicht nur gegen fremde Religionen geführt, sondern vor allem auch gegen von der eigenen Religion abgespaltene Religionen. Dasselbe gilt für religiös begründeten Terror. Dabei sind die Abspaltungen z. T. keineswegs religiös begründet. Ein bekanntes Beispiel dafür ist die Anglikanische Kirche, die ja nur deshalb gegründet worden ist, weil König Heinrich VIII. nochmal heiraten wollte, was der Papst ihm untersagt hatte.

Es geht bei den kriegerischen Auseinandersetzungen häufig gar nicht um Gott (oder die Götter), sondern schlicht um Macht. Die Religion dient nur dazu, die jeweilige Bevölkerung als Einheit gegen den Feind zu führen.

Diese kriegerische Seite der Religionen ist eine Plage der Menschheit und ganz offensichtlich ein Missbrauch von Macht. Es fehlt eine Regel, die Kriege aus religiösen Gründen schlicht verbietet. Solch eine Regel ist aber schwer vorstellbar in einem System, das immer alles richtig macht, da es direkt von Gott initiiert ist. Im Zweifel würde die direkte Anweisung von Gott eine solche Regel kippen.

12. Der Gott der Christen

Die Bibel beschreibt auf beeindruckende Weise, wie Gott sich den Israeliten zugewendet hat.

- Er hat Mose beauftragt, sein auserwähltes Volk, die Israeliten, aus der Sklaverei in die Freiheit zu führen.
- Er hat Mose dabei durch das Senden von Plagen tatkräftig unterstützt.
- Er hat Mose die Fähigkeit gegeben, das Rote Meer zu teilen, sodass die Menschen vor den ägyptischen Verfolgern flüchten konnten.
- Er hat die Flüchtenden in der Wüste mit Nahrungsmitteln versorgt.
- Er hat Mose auf dem Berg die Zehn Gebote gegeben.
- Er hat Mose einen Blick auf das Gelobte Land gestattet.
- Er hat David versprochen, dass seine Dynastie die Israeliten für immer führen wird.

Am Ende hat er den Israeliten seinen Sohn Jesus mit der Botschaft der Feindesliebe geschickt, was die Israeliten nicht verstanden haben. Sie haben die Hinrichtung Jesu veranlasst.

Die danach erlebte Auferstehung hat schließlich zur Gründung des Christentums geführt. Damit wurde die Grundlage des „Auserwählten Volkes“ auf „Alle Menschen“ erweitert.

Bemerkenswert ist, dass dem Christentum keineswegs dieselbe aktive Zuwendung durch Gott zuteilgeworden ist, wie die Israeliten sie erlebt haben.

13. Zusammenhalt

Der Zusammenhalt der Menschen ist für die Stabilität einer Gesellschaft von fundamentaler Bedeutung. Das hat schon die Durchsetzung des Homo sapiens gegenüber den anderen Homos gezeigt.

Dazu haben in früheren Jahrhunderten die Kirchen ganz wesentlich beigetragen. Trotz der Aufklärung und vieler anderer Erkenntnisse der Menschheit haben die Kirchen auch in unserer Zeit noch einen Anteil zum gesellschaftlichen Zusammenhalt beigetragen. Diese Funktion geht ihnen durch die Missbrauchskrise jedoch verloren. Wir können die Kirchen nur auffordern, sich von den Verantwortlichen für diese Krise – und das sind nicht nur die Täter, sondern vor allem die Vertuscher – rigoros zu trennen. Wir wünschen uns, dass sie kurzfristig ihre Regeln an die heutige Zeit anpassen und so die Menschenrechte, aber auch Demokratie und Maßnahmen zur Verhinderung von Machtmissbrauch nachhaltig durchsetzen. Mit anderen Worten: Sie sollten ihre Macht ausschließlich für den Zusammenhalt der Gesellschaft einsetzen.

Wir sollten die Regeln, die uns wichtig sind

- Menschenrechte,
- echte Demokratie mit Gewaltenteilung und zeitlicher Ämterbegrenzung,
- Rechtsstaat,
- sozialer Ausgleich,
- Empathie

immer wieder öffentlich herausstellen und uns dazu bekennen. Das sind unsere Werte. Das stärkt den Zusammenhalt auch ohne die Macht der Kirchen.

Das sind die Regeln, die für die Menschheit von wirklicher Bedeutung sind. Hinzu kommen die aus diesen Regeln abgeleiteten Verfassungen der demokratischen Staaten und deren Gesetze. Diese Werte geben uns Zusammenhalt, auch ohne die Kirchen.

Durch den Ukraine-Krieg erhält die demokratische Welt einen zusätzlichen Faktor des Zusammenhalts: Die Hilfsbereitschaft der Freien Welt ist beeindruckend.

Die Basis der heutigen Menschenrechtskonventionen ist die „Allgemeine Erklärung der Menschenrechte“, eine Resolution der Generalversammlung der Vereinten Nationen zu den Menschenrechten vom 10. Dezember 1948.

Deren Artikel 1 beginnt mit dem Satz:

„Alle Menschen sind frei und gleich an Würde und Rechten geboren.“

Zeitungs-/Internet-Ausschnitte

Die Geschichte der Katharer
Die Katharer, Duden Learnattack GmbH, Lernhelfer.de, Lexikon, https://www.lernhelfer.de/schuelerlexikon/geschichte/artikel/die-katharer, letzter Zugriff: 05.10.2022

Austritt: Ich kann nicht anders, Felix Bohr, Der Spiegel vom 13.06.2020, Seite 19

Ein Schuldbekenntnis (Bischof Woelki), Petra Albers, Hellweger Anzeiger vom 19.11.2021, Seite 5

Stalins Erbe, Christian Neef, Spiegel Nr. 17/23.04.2022, Seite 82

Putins heiliger Krieger, Thoralf Cleven, Hellweger Anzeiger vom 04.05.2022, Seite 3

Trauriges Gespräch mit dem Patriarchen, kein Treffen mit Putin
Der Papst verzweifelt an Moskau, Dominik Straub, Hellweger Anzeiger vom Mittwoch 04.05.2022, Seite 3

Franziskus' Frauen, Vatikan, Der Spiegel vom 28.05.2022, Seite 79 (HOR)

Bis zu 6000 Opfer, Münster, Hellweger Anzeiger vom 14.06.2022 (AFP)

Kirche der Täterschützer,
Carsten Linnhoff, Hellweger Anzeiger vom 14.06.2022

Bischof von Münster lehnt Rücktritt ab,
Hellweger Anzeiger vom 18.06.2022 (dpa)

Die Geschichte der Katharer

https://www.lernhelfer.de/schuelerlexikon/geschichte/artikel/die-katharer

Die Katharer waren eine religiöse Sekte des Mittelalters. Als Albigenser kannte man sie in Südfrankreich.

Das Wort Katharer geht auf das griechische „katharos“ = „rein“ bzw. „Katharoi“ = „Die Reinen“ zurück. Die Katharer selbst nannten sich „Gläubige“, „Christen“ bzw. „Gute Christen“ oder „Vollkommene“.

Aus dem Lateinischen „hereticus perfectus“ für „Vollkommener“ wurden die Begriffe Häretiker und Häresie abgeleitet.

...

Der katharische Glaube ist von manichäischen Vorstellungen beseelt. Der persische Weise MANI (etwa 216 bis 276) ging von der dualistischen Teilung des Universums in das Gute und das Böse aus. Deshalb leitete sich der Gottesbegriff der Katharer von der Vorstellung ab, dass Gott als Schöpfer des Lichts lediglich das „Gute“ hervorbringt, während der Teufel als Fürst der Finsternis das „Böse“ repräsentiert. Durch die Überwindung der Begierden vermag die menschliche Seele ins Reich Gottes emporzusteigen. Deshalb lebten die Katharer streng asketisch.

Katharische Sekten

Katharische Sekten (bzw. Diözesen, d. h. ein christlicher Bezirk, dem ein Bischof vorstand, der durch Diakone vertreten wurde) gab es in Agen, Albi, Carcassonne, Toulouse und Razés. Nach der südfranzösischen Stadt Albi wurden die Katharer auch die Albigenser (frz: Albigeois) genannt. Die Katharer wandten sich als christliche Sekte von der katholischen Kirche ab. Papst INNOZENZ III. wollte die Einheit der Kirche Roms wiederherstellen. Deshalb rief er 1209 zum Kreuzzug gegen die Katharer auf. Innerhalb von 20 Jahren wurde Südfrankreich seit dem 24. Juni 1209 im sogenannten „Albigenserkrieg“ verwüstet und gebrandschatzt. Die Untaten nahmen ein solches Ausmaß an, dass manche Forscher vom Katharer-Kreuzzug „als ersten Genozid der modernen europäischen Geschichte“ sprechen.

SIMON DE MONTFORT führte die Armeen des Papstes an. Er ging mit besonderer Grausamkeit und Brutalität vor. So befahl er bei der Erstürmung der Stadt Béziers:

„Tötet sie alle, Gott wird die Seinen erkennen.“

15 000 Männer, Frauen und Kinder starben bei der Erstürmung der Stadt. Im Frühjahr 1210 ließ MONTFORT in Bram etwa 100 Gefangene verstümmeln. Im Jahre 1211 gab er den Befehl, 400 Katharer öffentlich zu verbrennen. SIMON DE MONTFORT starb am 25. Juni 1218 vor den Toren der Stadt Toulouse, die er belagern ließ.

Im Januar 1229 wurde der Albigenserkreuzzug durch die Unterzeichnung des Vertrags von Meaux in Paris für beendet erklärt. Die Gebiete von Toulouse wurden durch die französische Krone annektiert.

Der Kampf gegen die Häresie

Der Kampf gegen die Häresie war damit jedoch noch nicht vorbei. Mit dem Beginn der päpstlichen Inquisition im April 1233, die den Dominikanern anvertraut wurde, gab es im Jahre 1235 noch ein letztes Aufbäumen der Katharer. In Toulouse, Albi und Narbonne erhoben sie sich gegen die Inquisition und wiesen die Toulouser Inquisitoren aus der Stadt. STEPHAN VON NARBONNE wurde dabei – gemeinsam mit drei Dominikanern und vier weiteren Anwesenden – in der Nacht zum 29. Mai 1242 im Schloss des Statthalters des Grafen RAIMOND VII. von Toulouse ermordet. Schon ein Jahr später kehrten die römischen Inquisitoren nach Toulouse zurück.

1243 beschloss das Konzil von Béziers, Montségur zu zerstören. Im Jahr darauf wurde die Stadt den königlichen Truppen übergeben. Am 16. März verbrannte die Inquisition 225 Katharer auf dem Scheiterhaufen.

1321 starb das letzte namentlich bekannte religiöse Oberhaupt der Katharer, GUILLAUME BÉLIBASTE in Villerouge-Termenès auf dem Scheiterhaufen.

In Carcassone gab es 1329 die letzten Scheiterhaufen für Katharer.

Austritt

Ich kann nicht anders, Felix Bohr, Der Spiegel vom 13.06.2020, Seite 19

Die Deutsche Bischofskonferenz rechnet mit einem neuen Rekord der Austritte. Doris Bauer, 52, war jahrelang in ihrer katholischen Pfarrgemeinde engagiert. Nun will sie nicht länger der Kirche angehören.

„In meinem Leben war der Kirchgang immer etwas Selbstverständliches in etwa so wie Zähneputzen. Ich bin katholisch sozialisiert, schon als Kind habe ich mit meinen Eltern regelmäßig den Gottesdienst besucht. Ich habe in der Kirche über die Jahre viele tolle Menschen kennengelernt. Seit 2007 engagiere ich mich in meiner Gemeinde St. Agnes in Köln. Ich war bis vor kurzem Lektorin, Kantorin und Kommunionhelferin. Viele hier kennen mich.

Eine kritische Katholikin war ich schon immer. Meine Zweifel an der Kirche kamen nicht über Nacht. Aber seit 2018 sind sie immer größer geworden. Da wurde die Missbrauchsstudie der deutschen Bischöfe veröffentlicht: In den vergangenen Jahrzehnten haben 1670 katholische Kleriker 3677 Kinder und Jugendliche missbraucht. Ich geriet in eine tiefe Krise und habe mich gefragt: ‚Wie kann ich da vorn am Altar stehen und meine Dienste weitermachen mit dem Wissen, dass all diese furchtbaren Dinge passiert sind?' Ich bin fassungslos über den Umgang der Bischöfe mit der sexualisierten Gewalt. Keiner hat Verantwortung übernommen und ist zurückgetreten. Die

Namen der Täter wurden nicht genannt, für sie gab es keine ausreichenden Konsequenzen.

Ich war damals schon kurz davor, aus der Kirche auszutreten. Als Anfang 2019 die Bewegung Maria 2.0 begann, schöpfte ich neue Hoffnung. Überall in Deutschland fordern Katholikinnen seitdem die umfassende Aufarbeitung des Missbrauchs, das Ende der klerikalen Machtstrukturen und die Gleichberechtigung von Frauen durch den Zugang zu allen kirchlichen Ämtern. Ich bin da sehr aktiv. In letzter Zeit wurde mir allerdings klar, dass unsere Forderungen keine Aussicht auf Erfolg haben. Selbst reformorientierte Bischöfe vertrösten uns nur. Der Papst hat sich im Februar gegen die Frauenweihe ausgesprochen.

Mir reicht es jetzt. Ich werde aus der Kirche austreten. Ich kann nicht anders. Mein Glaube an Gott bleibt davon unberührt. Aber ich bin nicht mehr bereit, dieses System mitzutragen. Am 2. Juli ist es endlich so weit, vorher habe ich wegen der Coronakrise keinen Termin beim Amtsgericht bekommen."

Aufgezeichnet von Felix Bohr

Ein Schuldbekenntnis (Bischof Woelki)

Petra Albers, Hellweger Anzeiger vom 19.11.2021, Seite 5

Köln. Kardinal Woelki hat das Erzbistum durch seinen Umgang mit Missbrauchsgutachten in eine tiefe Krise gestürzt. Nun ist Woelki in Auszeit, und sein Vertreter wird aktiv: in einem heftig umstrittenen Bußgottesdienst bekennt er die Schuld der Kirche.

Von Petra Albers

Für die Opfer brennen Kerzen vor dem Kreuz. In einem Bußgottesdienst im Kölner Dom hat der Apostolische Administrator Rolf Steinhäuser das Versagen der katholischen Kirche beim sexuellen Missbrauch durch Geistliche bekannt. „Von Priestern und weiteren kirchlichen Mitarbeitern unseres Bistums ist eine große Zahl von Verbrechen sexualisierter Gewalt an Schutzbefohlenen verübt worden", sagte der Weihbischof am Donnerstag. Als derzeitiger Leiter des Erzbistums sei er „Chef der Täterorganisation Erzbistum Köln". Steinhäuser vertritt Kardinal Rainer Maria Woelki, der sich in einer mehrmonatigen Auszeit befindet.

Das Erzbistum steckt in einer Krise, seit Woelki 2020 entschieden hatte, ein Gutachten zum Umgang von Bistumsverantwortlichen vorerst nicht zu veröffentlichen. Daraufhin hatte Papst Franziskus die Situation von zwei Bevollmächtigten untersuchen lassen und war im September zum Schluss gekommen, dass Woelki zwar „schwere

Fehler“ in der Kommunikation begangen habe, aber im Amt bleiben dürfe.

Steinhäuser sagte, er könne sich nicht für die Täter entschuldigen, wolle aber auch nicht die Gläubigen in Mithaftung nehmen. „Dieser Gottesdienst endet nicht mit der Vergebung“, betonte er. „Wir können uns nicht selbst absolvieren. Wir bitten auch nicht die Betroffenen um Vergebung, damit es uns bessergeht.“ Vielmehr gehe es um „Schuldbekenntnis, Gedächtnis der Betroffenen, Fürbitte“, sagte er in seiner Predigt. „Das Thema sexueller Missbrauch hält uns im Griff, weil sich die Verhältnisse nicht wirklich geändert haben.“

Der Betroffenenbeirat, in dem Opfer von kirchlichem Missbrauch organisiert sind, hatte den nicht öffentlichen Gottesdienst mitgestaltet. So wurden mehr als 100 Vornamen Betroffener verlesen, für die dann Kerzen angezündet wurden – plus eine große Kerze für ungenannte Opfer. In einem abgewandelten „Vater Unser“-Gebet hieß es: „Vater unser, wo bist du gewesen, als uns der Missbrauch traf? Warum hast du uns nicht gehört und beschützt, als wir durch diese Hölle getrieben wurden?“

Protest von Maria 2.0

Dem Betroffenenbeirat sei es wichtig gewesen, dass in dem Gottesdienst die Folgen des Missbrauchs für die Opfer sichtbar würden, sagte der Sprecher Peter Brinkmann-Henselder im Anschluss. „Die auf sich geladene Schuld von Verantwortlichen und Tätern musste deutlich zur Sprache kommen.“ Der Beirat habe sich den 18. November als Termin gewünscht, da dies der „Europäische Tag zum Schutz von Kindern vor sexueller Ausbeutung und sexuellem Missbrauch“ sei.

Während des Gottesdienstes protestierten Mitglieder der Initiative Maria 2.0 vor dem Dom. Im Vorfeld hatten unter anderem einige Betroffene Form und Zeitpunkt der Veranstaltung kritisiert. „Die eigentlichen Täter, die sich mit der Faust an die Brust schlagen und Buße leisten müssten, sind nicht dabei“, sagte etwa das frühere Beiratsmitglied Patrick Bauer der dpa. Auch dass der Gottesdienst ausgerechnet in Woelkis Abwesenheit stattfinde, sei unverständlich.

„Wenn Sie sich jetzt fragen: Warum kein Wort über den Kardinal? Ganz einfach: Weil er nicht da ist“, sagte Steinhäuser in seiner Predigt. „Ich werde ihn weder beschuldigen noch versuchen, ihn zu entschuldigen.“ Woelki befindet sich zurzeit in oberbayerischen Bistum Eichstätt in Exerzitien, so eine Sprecherin des dortigen Bistums.

Stalins Erbe

Christian Neef, Spiegel Nr. 17/23.04.2022, Seite 82

Woher kommt die kalte Brutalität russischer Truppen in der Ukraine?

Christian Neef, 70, arbeitete von 1991–2017 für den Spiegel unter anderem als Korrespondent in Moskau.

Als die Ukrainer die Toten von Butscha entdeckt hatten – die mutmaßlich von russischen Soldaten Erschossenen, Erschlagenen, Verscharrten –, da wandte sich Präsident Wolodymyr Selenskyj in einer Videobotschaft an die Mütter im Nachbarland: „Wenn ihr schon Plünderer großgezogen habt, wie sind sie auch noch zu Henkern geworden?" Ihnen habe doch nicht entgehen können, dass ihre Kinder „alles Menschliche verloren haben". Und der ukrainische Schriftsteller Juri Andruchowytsch schrieb: man müsse sich klarmachen, „dass Butscha kein trauriger Zufall ist, kein Betriebsunfall", sondern „die geplante und methodische Ausführung eines russischen staatlichen Programms".

Es hätte nicht erst dieses Massakers bedurft, um über das russische Vorgehen in der Ukraine nachzudenken. Schon der Marschflugkörper, der Anfang März in den ersten Kriegstagen vor der Gebietsverwaltung in Charkiw einschlug und dort Techniker, Sekretärinnen, Polizisten und Passanten tötete – laut Putin Mitglieder des brüderlichen ukrainischen Volkes –, warf die Frage auf, was sich in den

Köpfen der Angreifer abspielen mag. Die Frage war vor allem, wodurch ihre Brutalität gespeist wird.

Ich habe als Korrespondent in Moskau oft gehört, Menschenleben seien bereits in der Sowjetzeit wenig wert gewesen, und den Krieg gegen die Nazis habe man nur gewonnen, weil Stalin gelehrt habe, dass für den Sieg jedes Opfer zu rechtfertigen sei. Wegen dieser erlernten Härte glaube Russland, es sei stärker als Europa. Und deswegen nehme die politische – wie die militärische – Auseinandersetzung unbarmherzige Formen an.

Ich hörte solche Sätze nicht nur bei russischen Freunden, ich las sie auch bei Schriftstellern wie Maxim Gorki oder Svetlana Alexijewitsch. Sie machen einem Westeuropäer zu schaffen, weil sie an Klischees erinnern, die in unseren Breiten über „die Russen“ existieren. Aber sie haben einen wahren Kern. Nur steckt dahinter eine lange Geschichte, die wir Deutschen zu wenig kennen.

Der Schweizer Historiker und Osteuropa-Kenner Andreas Kappeler hat auf die unterschiedliche Nationenbildung Russlands und der Ukraine hingewiesen. Darauf, dass die Ukrainer während ihrer Zugehörigkeit zu Polen-Litauen von europäischen Ideen wie dem Humanismus und der Reformation beeinflusst wurden, die Russland nach der langen Herrschaft der Tataren nur streifte. Der Bildungsstand der ukrainischen Eliten sei erheblich höher gewesen als derjenige der russischen. Der Geist der Aufklärung beflügelte die russische Kultur erst im 19. Jahrhundert.

Aber schon der Staatsstreich der Bolschewiki von 1917 warf das Land wieder zurück. Da sie in der Minderheit waren, brauchten sie Gewalt, um ihre Gegner zu unterdrücken. Nach Revolution und Bürgerkrieg war das ganze Land militarisiert, fünf Millionen Menschen standen 1921 unter Waffen. Als sie nach Hause kamen, brachten sie ein Gefühl mit, dass alles gestattet sei. Stalin nutzte diese Militarisierung, indem er seinen „Sozialismus" mit Denunziation, Lüge und Gewalt durchsetzte und Millionen Landsleute psychisch und physisch vernichten ließ. Vermeintliche „Volksfeinde" wurden verhaftet, gequält, erschossen oder in den Gulag gesteckt. Gefängnisse, Lagerhaft und Zwangsarbeit – diese von oben orchestrierte Brutalität prägte die Russen jahrzehntelang.

Die belarussische Schriftstellerin Svetlana Alexijewitsch spricht vom „Syndrom der Gewalt", dem Russland selbst in der späteren Sowjetzeit nie wirklich entkam. Das änderte sich erst während der Perestroika und in den 90er Jahren, als Russlands Führung das Bild vom äußeren Feind nicht mehr brauchte und das Land sich als Teil Europas begriff.

Unter Putin jedoch kehrten der Hang zur Abschottung und das falsche Gefühl von Stärke wieder zurück. Die Menschen dächten nur in den Kategorien von Sieg und Niederlage, sagt Alexijewitsch. Erneut zeigten sich chauvinistische Einstellungen und ein Kult der Stärke, der Gewalt verherrlicht. Gewalt kehrte in Armee, Polizei und die Untersuchungsorgane zurück, auch im Alltag der Menschen regierte das Recht des Stärkeren.

Ich erinnere mich, wann ich das erste Mal fassungslos wurde angesichts staatlicher Brutalität. Es war der 4. Oktober 1993. An jenem Tag hatte sich Russlands Präsident Boris Jelzin zum Sturm aufs Moskauer Weiße Haus entschlossen, den Sitz des russischen Parlaments. Dort hatte sich eine oppositionelle Minderheit verschanzt, eine Art Gegenregierung. Jelzin ließ Panzer auffahren und gab die Zitadelle der kommunistischen Parlamentarier zum Sturm frei.

Mit dumpfem Krachen schlugen die 125 Millimeter Granaten der Panzer in das Gebäude ein: der Präsident beschoss mit seiner Armee das eigene Parlament. Als sich der Rauch verzog, fanden Suchtrupps von Polizei und Feuerwehr 187 Tote: Soldaten, Freischärler und unbeteiligte Zivilisten – von Scharfschützen erschossen, von Granaten zerrissen oder von Querschlägern getroffen.

Man hätte den Streit zwischen den Verfassungsorganen mit einem Kompromiss beenden können, aber man hatte es nicht wirklich versucht. Der Herbst 1993 habe „die Rückkehr zu sowjetischen Methoden und Prinzipien“ markiert, sagte später der russische Politologe Wladimir Pasturow. Von da an setzte auch das demokratische Russland wieder auf Gewalt – die nicht nur Feinde oder vermeintliche Gegner traf, sondern oft auch unbeteiligte Russen, als Kollateralschaden sozusagen.

Bereits gut ein Jahr später, im Dezember 1994, marschierte Russlands Armee in Tschetschenien ein. Präsident Dschochar Dudajew hatte die Kaukasusrepublik für unabhängig erklärt, Moskau aber auch Verhandlungsbereitschaft signalisiert – was er mir gegenüber bestätigte, als ich ihn vor dem Einmarsch der russischen Armee dort traf. 80000 Menschen kostete der Krieg in den folgenden anderthalb Jahren das Leben. Ich erlebte Grosny damals als eine Stadt, die schlimmer aussah als heute Butscha: überall lagen Leichen auf den Straßen herum, tschetschenische Freischärler neben russischen Soldaten. Sie lagen wochenlang dort. Das Unvermögen zum Einlenken, die Unfähigkeit zum Kompromiss – beides hatte sich über Jahrzehnte hinweg in der Politik verfestigt.

Noch im Juni 1995 ereilte Russland das erste große Geiseldrama, in der Kleinstadt Budjonnowsk. Tschetschenische Kämpfer hatten das Krankenhaus besetzt und mehr als 1000 Patienten, Ärzte und Pflegekräfte als Geiseln genommen. Schließlich drehten Truppen von Innenministerium und Armee dem Krankenhaus den Strom ab, so dass selbst Beatmungsgeräte nicht mehr funktionierten. Und: Sie schossen auf alles, was sich bewegte. Am Ende waren 120 Geiseln tot.

Wenig später verabschiedete Russland ein Gesetz, das dem Staat fortan grundsätzlich verbot, Forderungen von Terroristen nachzugeben. Und der Begriff „Terroristen" war von Anfang an sehr weit gefasst. Damit öffneten sich die letzten Tore für ungezügelte Gewalt. Man bekam sie zu sehen, als Russlands neuer starker Mann Wladimir Putin 1999 den zweiten Tschetschenien-Krieg lostrat und kurz nach dessen Beginn eine russische Rakete den größten Markt von Grosny traf. 130 Menschen wurden zerrissen. Die Tragödie gab Putin als Folge eines Bandenkriegs aus.

Man sah diese Gewalt aber auch bei späteren Geiselnahmen. Im September 2004 brachten nordkaukasische Terroristen in der Schule Nr. 1 in Beslan mehr als 1100 Menschen in ihre Gewalt. Drei Tage lang belagerten russische Einheiten die Schule, bis sie das Gebäude unter einem Vorwand auf chaotische Weise stürmten – 330 Geiseln verloren ihr Leben, unter ihnen 186 Kinder, Erstklässler, Säuglinge. Viele wurden von den eigenen Leuten erschossen. Beslan wurde zu einem Symbol für Missachtung menschlichen Lebens.

Es lassen sich ähnliche Ereignisse aus den letzten zwei Jahrzehnten anführen. Der Untergang des U-Boots „Kursk" zum Beispiel, das im Jahr 2000 nach einer Explosion in der Barentssee versank. Es riss 118 Männer in den Tod. Legendär wurde jene Veranstaltung, auf der sich der kurz zuvor zum Präsidenten gewählte Wladimir Putin mit den empörten Angehörigen traf. Er nutzte sie, um einen Generalangriff auf russische Medien, vor allem aufs Fernsehen, zu starten. Bei dem Auftritt in Murmansk entwarf er das Konzept eines Staates, der sich auf seine bewaffneten Kräfte stützt und straff die Medien lenkt. Es ist jener Staat, den wir heute erleben.

Einige Jahre später, am 9. August 2008, stand Putin in Wladikawkas, der Hauptstadt der russischen Teilrepublik Nordossetien. Er sprach zu Flüchtlingen aus dem Süden dieser Bergrepublik, die völkerrechtlich zu Georgien gehört, aber mit russischer Unterstützung auf Unabhängigkeit besteht. Georgiens Präsident Micheil Saakaschwili hatte am Tag zuvor mit einem Militäreinsatz versucht, das abtrünnige Gebiet wieder unter seine Kontrolle zu bringen, und damit Zehntausende Menschen über Georgiens Nordgrenze nach Russland getrieben.

Für Putin war das ein „Verbrechen“ und ein willkommener Anlass, erstmals seine Armee gegen einen unbotmäßigen Nachbarstaat in Marsch zu setzen. Er löste die Operation „Erzwingung des Friedens“ aus, die sich zum ersten richtigen Krieg zwischen Russland und einem sowjetischen Nachfolgestaat entwickelte. Russland griff mit seiner Luftwaffe 15 Städte an der georgischen Schwarzmeerküste an, aber auch im Zentrum des Landes. Die Bomben trafen sogar Stalins Geburtsort Gori.

Georgien muss für Putin eine Art Generalprobe gewesen sein. Er hatte gesehen, wie gut sich eingefrorene Konflikte an den Rändern des ehemaligen Sowjetreichs für eine Erweiterung des Einflussbereichs nutzen ließen. Und er hatte erkannt, dass ihm niemand in den Arm fallen wird. Es dauerte auch keine sechs Jahre mehr, bis er sich mithilfe prorussischer Separatisten auch im Osten der Ukraine einen solchen Unruheherd schuf.

Damals, im Sommer 2014, wurde klar, dass Russland nicht nur in politischer und militärischer, sondern auch in menschlicher Hinsicht keine Rücksicht mehr nehmen wird. Das bewies die Schlacht um Ilowajsk im August 2014, als 7000 ukrainische Soldaten in einen Kessel der russischen Armee gerieten. Über einen humanitären Korridor, für den sich Putin eingesetzt hatte, versuchten sie auszubrechen. Der Korridor war eine Falle, die flüchtenden Ukrainer gerieten unter Beschuss. Das „Massaker von Ilowajsk“ kostete mindestens 366 ukrainische Soldaten das Leben. Zumindest die Ukrainer hatten seit dieser Zeit keine Illusionen mehr über das Vorgehen der Russen.

Im Sommer 2016 diskutierte ich mit dem Moskauer Philosophen Alexander Zipko darüber, was unter Putin mit Russland geschehen sei. Die USA und Deutschland hätten ein politisches System, das auf existenzbedrohende Ereignisse vernünftig reagieren könne, sagte Zipko, in Russland gebe es das nicht. Außerdem scherten sich die Militärs nicht um eigene Opfer. Russische Heerführer haben nie über die Höhe ihrer Verluste nachgedacht, sagte Zipko. Die Generäle des Zaren und die Generäle Stalins handelten nach der Redensart: „Man muss den Soldaten nicht bedauern, die russischen Weiber werden andere gebären."

Die Tragödie bestehe aber darin, schloss der Philosoph, dass die Menschheit davon abhängig sei, wie ein Mann auf die Herausforderungen des Westens reagiere, in dem sich krankhafte Eigenliebe und die Bereitschaft, alles niederzubrennen, verbänden. Dieser Mann steht seit zwei Dekaden an der Spitze des Staates.

Putins heiliger Krieger (Thema des Tages)

Thoralf Cleven, Hellweger Anzeiger vom, 4. Mai 2022, Seite 3

Der Kriegspräsident steht da wie ein Kommunionskind. Mit der Kerze in der Hand und Engelsblick schaut Wladimir Putin auf zum Patriarchen Kyrill I. Es ist die Nacht des orthodoxen Osterfestes 2022 und das russische Staatsoberhaupt schenkt dem russischen Kirchenoberhaupt in der Moskauer Christ-Erlöser-Kathedrale ein verziertes Osterei. Ganz so, wie es die Tradition will.

In derselben Nacht bangen orthodoxe Christen in ukrainischen Schutzkellern um ihr Leben. Der Krieg von Russland ins Land getragen, macht keine Pause.

Pflichtschuldig spricht Kyrill von einem Blutvergießen, das hoffentlich bald ende. Putin sagt kein Wort dazu. Stattdessen würdigt er den Patriarchen, der mit der „fruchtbaren Zusammenarbeit von Staat und Kirche“ einen „riesigen Beitrag“ für die Durchsetzung der traditioneller Werte in der Gesellschaft leiste.

Vor allem aber leistet Kyrill I. einen „riesigen Beitrag zur Durchsetzung der Werte dieses Präsidenten. Schon lange. Seite an Seite für die Ideologie der „russischen Welt“. Seite an Seite im Kampf um Herzen und Hirne der Russinnen und Russen.

Kyrill ist eine Macht

Ein Kirchenmann für den Frieden? Nicht Kyrill, nicht die oberste geistliche Autorität von rund 100 Millionen orthodoxen Christinnen und Christen in Russland. Kyrill ist eine Macht.

Der Patriarch lässt keinen Zweifel daran, dass er die russische Invasion in der Ukraine für richtig hält. In einer Predigt am 6. März versicherte der Geistliche den Gläubigen, Putin wolle die ukrainischen Brüder und Schwestern vor den „Kräften des Bösen“ und vor Homosexuellenparaden schützen.

Die wahren Verursacher des Krieges seien „der Westen“ und die Nato. So schrieb er es in einem Brief an den Ökumenischen Rat der Kirchen. Der Konflikt sei Teil einer „großangelegten geopolitischen Strategie“ zur Schwächung Russlands, schrieb Kyrill an den Generalsekretär des Rates Ion Sauca. Der hatte ihn gebeten, seine Stimme zu erheben, um den Krieg in der Ukraine zu stoppen. Am 3. April feierte der Patriarch, der gern auch Waffen segnen lässt, dann eine Liturgie in der Militärkirche bei Moskau.

Kyrill befindet sich schon lange im Kriegszustand mit der Ukraine, erklärte der Kirchenhistoriker Mihai Grigore vom Mainzer Leibniz-Institut für Europäische Geschichte. Spätestens seit 2019, als der Ökumenische Patriarch von Konstantinopel – seit dem siebten Jahrhundert als Primus inter Pares Kirchenoberhaupt in der orthodoxen

Gemeinschaft – die orthodoxe Kirche der Ukraine für eigenständig erklärt hat.

Die orthodoxen Kirchen sind mit rund 300 Millionen Mitgliedern weltweit nach der römisch-katholischen Kirche die zweitgrößte christliche Konfession. Die russische mit rund 150 Millionen Mitgliedern weltweit ist die größte in dieser Gemeinschaft und beansprucht deshalb eine Vormachtstellung. Die sieht Kyrill durch die Ukraine gefährdet.

Verflochten wie bei Zaren

Nach dem Zusammenbruch der Sowjetunion spalteten sich dort zahlreiche orthodoxe Gemeinden von der ukrainisch-orthodoxen Kirche ab, die dem Moskauer Patriarchat unterstand.

Sie nannten sich nun ukrainisch-orthodoxe Kirche Kiewer Patriarchat heute zählen sich rund 45 Prozent der Ukrainerinnen und Ukrainer dazu. Das sind rund 40 Millionen abtrünnige Gläubige.

Ein Affront für Putins heiligen Unterstützer. Und ein Spiegelbild dessen, was Putin als die große Verletzung durch die Ukrainer empfindet: die Abkehr von Russland – oder besser: Die Abkehr von der Vorherrschaft des Kremls.

„Staat und Kirche", sagt Grigore, „verfolgen in Russland dieselben Interessen. Eine derartige Verflechtung hat es dort zuletzt in der Zarenzeit gegeben."

Gemeinsam verfolgen Putin und Kyrill, jeder aus seinem Grund, seit 2007 das neoimperiale Projekt „Russkij Mir" (russische Welt). Es ist jedoch ein politisches Konzept – das unter anderem die Ukraine ideologisch als zentralen Bestandteil einer von Russland geführten „russischen Welt" vorsieht. So hat es Kyrill unlängst unmissverständlich formuliert: Die Ukraine gehört zur Heiligen Rus. Putins Sieg in der Ukraine wäre also auch seiner.

Der 75-jährige Kyrill und der 6 Jahre jüngere Putin; das sind zwei ziemlich beste Freunde, die sich mehrmals gehäutet haben, sich wechselseitig beistehen und deren Wege sich ähneln. Beide waren Mitarbeiter des sowjetischen Geheimdienstes KGB und beide machten sowohl in der Sowjetzeit als auch in der postsowjetischen Ära Karriere.

1988 wurde Kyrill, Putin war zu dieser Zeit noch KGB-Offizier in Dresden, zum ersten Bischof geweiht. In die Zeit 1979–1989 fiel der sowjetische Krieg in Afghanistan. Interessant aus heutiger Sicht: Als damaliger Bischof von Smolensk sprach sich Kyrill als einsamer Rufer gegen die Invasion aus. Dennoch wurde er 1989 Vorsitzender der Abteilung für externe Kirchenbeziehungen des Moskauer Patriarchats und damit „Außenminister" der russisch-orthodoxen Kirche.

In diesen Jahren nähern sich die Wege der beiden Leningrader wieder an. Putin begann 1991 in seiner Heimatstadt seine politische Karriere als Leiter des Städtischen Komitees für Außenbeziehungen und wurde 2000 zum ersten Mal Präsident der Russischen Föderation.

Im Jahrzehnt des Umbruchs wuchs auch Kyrills Einfluss als ständiges Mitglied des Heiligen Synod der russisch-orthodoxen Kirche sowie als Mitglied der Biblischen und Theologischen Kommission des Moskauer Patriarchats. 2000 gehörte der Metropolit zu den Hauptautoren der Soziallehre der russisch-orthodoxen Kirche. Schon damals prangerte er die „Beliebigkeit" westlicher Gesellschaften an, deren teuflischster Ausdruck Homosexualität und Abtreibung seien.

Enge Verzahnung

Kyrill hatte zuvor seine Chance genutzt, als Patriarch Alexius II. 1993 das „Weltkonzil des russischen Volkes" gründete – mit dem Ziel, dieses Volk zu vereinen. Fortan saßen Vertreter der Regierung, von Verbänden, Religionen, Wirtschaft, Wissenschaft und Kultur sowie Delegierte der Diaspora erstmals an einem Tisch. Die Leitung hatte Kyrill.

Hier begann die Verzahnung von Kirche und Staat, die Putin beim Osterfest so pries. Die Kirche ist neben dem Militär eine der wichtigsten Stützen seiner Macht. „In unserer nicht einfachen Zeit kümmert sie sich um die Festigung des Konsenses und der Verständigung zwischen den Menschen", so die Osterbotschaft des Präsidenten.

Als Alexius II. starb, wurde Kyrill 2009 der 16. Patriarch der russisch-orthodoxen Kirche. Putin war nach zwei Amtszeiten als Präsident zu dieser Zeit Ministerpräsident Russlands. Beide waren ganz oben.

Kirchliche und politische Vorstellungen wurden zunehmend deckungsgleich. Gelebte Pluralität und Diversität – sei es nun im politischen Wettstreit, im zwischen- menschlichen Zusammensein oder in Glaubensfragen – sind Kreml und Kirche ein Graus.

Hartnäckig hält sich das Gerücht, dass Kyrill seinen Freund Putin 2012 nachdrücklich aufgefordert habe, die Staatsorgane wegen des provokanten Auftritts der Frauenpunkband

Pussy Riot in der Erlöserkirche („Punkgebet" gegen die Allianz von Kirche und Staat) in Gang zu setzen. Ergebnis: Drei Künstlerinnen wurden zu jeweils zwei Jahren Haft verurteilt.

Und die Haltung des Patriarchen von Moskau wurde kriegerischer. 2014 verzichtete er zwar auf eine Reaktion zur Annexion der Krim, sprach jedoch von Putins „Selbstaufopferung" und dass der Präsident „integraler Teil der vaterländischen Geschichte" sei. Vor der Wahl 2012 hatte Kyrill mit der Bemerkung, Putins erneute Präsidentschaft wäre ein „Wunder Gottes", eine deutliche Wahlempfehlung abgegeben. So deutlich, wie er sich jetzt gegen die Ukraine positioniert.

Patriarch als Apparatschik

Kirchenexperte Grigore hält die orthodoxe Kirche in Russland zwar für so potent, dass sie den Verlauf des Krieges beeinflussen könne. Doch der Patriarch, den der Wissenschaftler als Staatsapparatschik bezeichnet, wolle das gar nicht. „Er schielt auf die 40 Millionen Kirchenmitglieder, die ihm in der Ukraine durch die Eigenständigkeit verloren gegangen sind. Er will sie zurück, deshalb geht er mit Putin Hand in Hand.“ Kyrill glaube nicht an Frieden, meint Grigore. „Frieden gefährdet Kyrills Machtstreben.“

Dabei ist er schon mächtig. Kyrill redet bei Unterrichtsplänen für Schulen mit, das Moskauer Patriarchat sitzt in staatlichen Gremien und ist vertraglich mit verschiedenen Ministerien verbunden. Inzwischen verfügt die Kirche auch über einen stattlichen Immobilienbesitz, geschenkt vom Staat.

Wie die Russinnen und Russen das Agieren ihrer Kirche sehen, ist schwer abschätzbar. 2008 bekannten sich 72 Prozent der Bevölkerung zur russisch- orthodoxen Kirche. Doch besuchten nur sieben Prozent mindestens einmal im Monat einen Gottesdienst. Dennoch: mit der Kirche Kyrills ist zu rechnen.

Zwar gibt es auch innerkirchlichen Widerstand gegen den Kriegskurs des Patriarchen. „Das Jüngste Gericht erwartet jeden Menschen. Keine irdische Macht, kein Arzt und keine Leibwache wird vor diesem Gericht bewahren“, heißt es etwa in einem von mehr als 250 Priestern und Mönchen unterschriebenen Brief an Seine Heiligkeit. Doch das wird ihn nicht erreichen, meint Kirchenexperte Grigore. „Dialog ist mit ihm derzeit unmöglich."

Selbst eine militärische Niederlage, die das Ende seines Bruders im Geiste im Kreml besiegeln dürfte, wird Kyrill nichts anhaben, vermutet der Mainzer Forscher. „Kyrill überlebt auch einen Machtwechsel in Moskau. Denn niemand legt sich mit der orthodoxen Kirche an."

Trauriges Gespräch mit dem Patriarchen, kein Treffen mit Putin

Der Papst verzweifelt an Moskau, Dominik Straub, Hellweger Anzeiger vom 04. Mai 2022, Seite 3

Rom. Nach der Videokonferenz zwischen Papst Franziskus und Patriarch Kyrill I. vom 17. März hatte der Vatikan die üblichen diplomatischen Floskeln verbreitet: der Papst stimme mit dem Patriarchen darin überein, „dass die Kirchen aufgerufen sind, zur Stärkung von Frieden und Gerechtigkeit beizutragen" – und so weiter. Trotzdem war klar, dass das Gespräch nicht so verlaufen war, wie es sich der Papst erhofft hatte.

Wie frustrierend es für Franziskus wirklich war, weiß man seit gestern nun genauer. „Ich habe 40 Minuten mit Kyrill gesprochen, die ersten 20 Minuten hat er mir mit einem Blatt in der Hand sämtliche russischen Rechtfertigungen für den Krieg aufgelistet", erzählte der Papst in der gestrigen Ausgabe des Corriere della Sera. Er habe geantwortet: „Bruder, davon verstehe ich nichts. Aber wir dürfen keine Staatskleriker sein, wir dürfen nicht die Sprache der Politik verwenden, wir müssen die Sprache von Jesus sprechen und für den Frieden einstehen." Der Patriarch, betonte Franziskus, dürfe nicht „Putins Messdiener" sein.

Das sind klare Worte für den orthodoxen Kollegen, der den Überfall auf die Ukraine vom ersten Tag an als einen heiligen Krieg oder vielmehr als eine heilige militärische Spezialaktion verbrämt. Ein für 14. Juni in Jerusalem vereinbartes Treffen habe er deshalb wieder abgesagt, erklärte der Papst. Stattdessen möchte sich Franziskus nun mit Wladimir Putin in Moskau treffen. Doch der Kreml schweigt.

Franziskus' Frauen

Vatikan, Der Spiegel Nr. 22/28.05.2022, Seite 79 (HOR)

Fast alle im Vatikanstaat wurden kalt erwischt, als Franziskus im März seine Kurienreform veröffentlichte. Ohne Vorwarnung, ohne Erklärung und nur auf Italienisch ließ der Papst seine „Constituzione Apostolica" verbreiten. Vielleicht wollte er verhindern, dass der eigene Apparat seine Pläne verwässert; die meisten Kardinäle jedenfalls waren ahnungslos. Am 5. Juni tritt nun die Reform in Kraft, und wenn Franziskus ernst macht, steht die Kurie vor einer kleinen Revolution: anstelle von Kardinälen dürfen künftig Laien die großen Vatikanbehörden führen, Dikasterien genannt. Erstmals in der Geschichte können auch Frauen die Topposten an der Kirchenspitze besetzen. Gute Chancen werden der Don-Bosco-Schwester Alessandra Smerilli zugerechnet, die Wirtschaftsprofessorin ist zurzeit die Nummer 2 im Dikasterium für die ganzheitliche Entwicklung des Menschen. Aufrücken könnte auch die französische Nonne Natalie Becquart, die bisher als Untersekretärin in der Leitung der Bischofssynode sitzt. Mutig wäre Franziskus, wenn er etwa die Bischofskongregation an eine Frau vergäbe, die dann weltweit für die Ernennung von Bischöfen zuständig wäre. Oder bleibt es bei einer Reform auf dem Papier? International ist es für den Vatikan schwierig, Kandidatinnen zu finden, die Angestelltengehälter sind niedrig. Eine Personalabteilung, die sich um Frauenförderung oder gar um die LGBTQ+-Community kümmert, gibt es nicht. Als Fortschritt gilt in Rom bereits, dass bei der wöchentlichen Generalaudienz neuerdings Frauen die Lesung vortragen – eine Praxis, die in vielen deutschen Pfarrgemeinden längst üblich ist.

Bis zu 6000 Opfer

Münster, Hellweger Anzeiger vom 14.06.2022 (AFP)

Studie zum Missbrauch im Bistum Münster

Das Ausmaß des sexuellen Missbrauchs im katholischen Bistum Münster ist einer unabhängigen Studie zufolge deutlich größer als bisher bekannt. Aus den Akten des Bistums ergebe sich eine Zahl von 610 Missbrauchsopfern und damit mehr als ein Drittel mehr, als in der 2018 präsentierten MHG-Studie der Deutschen Bischofskonferenz erfasst wurden, teilten die Wissenschaftler der Westfälischen Wilhelms Universität Münster mit.

Die an der Studie beteiligte Historikerin Natalie Powroznik sagte, die 610 Opfer seien nur das Hellfeld, das sich aus den Akten ergebe. Aus vergleichbaren Fällen sei von einem Dunkelfeld auszugehen, das acht- bis zehnmal so groß sei. Es gebe also etwa „5000 bis 6000 betroffene Mädchen und Jungen" im Bistum Münster. An den 610 namentlich bekannten Opfern seien mindestens 5700 Einzeltaten verübt worden.

Kirche als Täterschützer

Carsten Linnhoff, Hellweger Anzeiger vom 14.06.2022

Münster

Einiges war bereits bekannt. Aber dass es im Bistum Münster so viele Fälle sexuellen Missbrauchs gab, ist neu. Forscher bescheinigen dem Bistum jetzt auch, dass das System Kirche Mitschuld hat.

von Carsten Linnhoff

Was ihn am meisten überrascht hat? Der Historiker Thomas Großbölting bringt es auf den Punkt: „Wie viele doch über die Jahre von den Missbrauchsfällen etwas gewusst haben." Das Wissen zog sich über Bischöfe, Personalverantwortliche und christliche Laien bis hin zu Staatsanwälten.

Im Auftrag des Bistums Münster hat Großbölting in einem Fünfer-Team mehr als zwei Jahre an einer Studie zu sexuellem Missbrauch gearbeitet. Dabei ging es auch um die Frage, ob die Kirche Mitschuld trägt. Und ja, das System Kirche sei als Täter aufgetreten, ist Großbölting überzeugt. Der Priester als Kleriker sei in der katholischen Kirche überhöht und als geweihter Nachfolger Christi quasi als Heiliger dargestellt worden, sagt Großbölting bei der Vorstellung der Studie am Montag. Gerade junge Missbrauchsopfer zwischen 10–14 Jahren, oft Messdiener, kamen gegen das System nicht an, Ihnen wurde nicht geglaubt. Auch im System der Bistumsleitung sehen die

Forscher ein massives Problem. Bischöfe sollten Richter, Vorgesetzter und Seelsorger gleichzeitig sein. Das habe fatale Folgen gehabt. Auch die katholische Sexualmoral habe Verbrechen begünstigt. Die Zahl der beschuldigten Priester und Missbrauchsopfer ist demnach deutlich höher als bekannt. Demnach gab es im Bistum Münster in den 75 Jahren annähernd 200 Kleriker, die sich schuldig machten, und mindestens 610 minderjährige Opfer. Die Dunkelziffer ist erheblich höher. Die Forscher gehen von 5000–6000 Opfern aus.

Großbölting widersprach zudem der Schilderung des 2008 verstorbenen Bischofs Reinhard Lettmann, der von Einzelfällen gesprochen hatte. Missbrauchsfälle habe es flächendeckend in allen Dekanaten des Bistums gegeben. Großbölting sprach von Vertuschung.

Nachweisen konnten die Forscher jahrzehntelanges Versagen in der Bistumsleitung und Strafvereitelung in verschiedenen Fällen. Dabei standen die drei Bischöfe Joseph Höffner (Amtszeit 1962–1969), Heinrich Tenhumberg (1969–1979) und Heinrich Lettmann (1980–2008) im Mittelpunkt. Immer wieder wurden straffällig gewordener Priester nur versetzt – und wieder zu Tätern. Bei anderen setzte sich die Bistumsleitung bei der Staatsanwaltschaft ein. Ermittlungsverfahren wurden eingestellt, Gerichtsverfahren zur Farce.

Dem jetzigen Bischof Felix Genn werfen die Forscher vor, als Vorgesetzter gegenüber reuigen Tätern nicht die nötige Strenge gezeigt zu haben. Bei der Übergabe des Gutachtens kündigte Genn nun weitere Konsequenzen an. „Das ist für mich eine Verpflichtung, an der ich mich messen lassen möchte“, sagte der Bischof knapp. Am Freitag will er mehr dazu sagen.

Bischof von Münster lehnt Rücktritt ab

Hellweger Anzeiger vom 18.06.2022 (dpa)

Münster. Über Jahrzehnte hinweg wurde in einem der größten deutschen Bistümer sexueller Missbrauch durch Priester gedeckt und vertuscht. Jetzt kündigt Bischof Felix Genn Konsequenzen an – auch was die Ruhestätte seiner Vorgänger betrifft.

Der Bischof von Münster Felix Genn lehnt trotz persönlicher Kritik in einer Studie zu sexuellem Missbrauch in seinem Bistum einen Rücktritt ab. In der am Montag veröffentlichten Studie wird dem Bischof ein zu lascher Umgang mit Priestern vorgeworfen, die nach ihren Taten Reue gezeigt hatten. Genn räumte am Freitag Fehler ein. Er habe aber nichts vertuscht. "Ich möchte daher die mir verbleibende Amtszeit als Bischof von Münster mit höchstem Engagement nutzen, weiterhin und verstärkt auf das zu hören, was Betroffene und unabhängige Gremien mir für den Umgang mit sexuellem Missbrauch im Bistum Münster empfehlen und versuchen, das umzusetzen." Münster ist eines der größten deutschen Bistümer.

Genn kündigte in einer ersten längeren Stellungnahme an, dass sein Bistum Konsequenzen aus der Studie ziehen werde, in der fast 200 katholische Geistliche als Straftäter ausgemacht wurden. Dazu gehört, dass die Bischofsgruft im Dom vorerst geschlossen bleibt. Dort liegen drei Amtsvorgänger begraben, die sich der Studie zufolge im Umgang mit Missbrauchsfällen schwerer Versäumnisse schuldig machten. „Ich werde die Toten ruhen lassen, die Wahrheit aber muss ans Licht“, sagte Genn. In welcher Form dies geschehen soll, sei noch offen. Dabei sollen auch Betroffene mitreden können.

Der Bischof sprach von falsch verstandener Brüderlichkeit im Umgang mit Tätern. Sexueller Missbrauch sei „immer auch Missbrauch von Macht“. Deshalb werde er prüfen lassen, ob eine kirchliche Verwaltungsgerichtsbarkeit eine Lösung sein könnte. Deren Entscheidungen müsste sich der Bischof fügen. Die Bischofskonferenz prüft bereits eine solche Einführung. Außerdem will Genn Personalentscheidungen transparenter machen. Die Personalkonferenz bestehe bis heute nur aus Männern und Priestern. Der Studie zufolge gibt es „männerbündische Strukturen“.

Genn schlug auch vor, dass im Bistum eine Aufarbeitungskommission eingerichtet wird. Eine entsprechende Vereinbarung gibt es in einer gemeinsamen Erklärung des früheren unabhängigen Beauftragten für Fragen des Kindesmissbrauchs Johannes Wilhelm Rörig und des Missbrauchsbeauftragten der Deutschen Bischofskonferenz, Bischof Stephan Ackermann. In der Kommission sollen auch der Autor der Studie, der Historiker Thomas Großbölting und der Münsteraner Kirchenrechtler Thomas Schüller einen Sitz haben.

Die Studie hat nach Angaben des Bischofs auch personelle Konsequenzen. Der bisherige Domkapitular Theodor Buckstegen bat um seine Entpflichtung. Ihm wurde in der Zeit von 1986 bis 2009 als Leiter der Hauptabteilung Seelsorge/Personal massives Fehlverhalten im Umgang mit sexuellem Missbrauch nachgewiesen. Der frühere Bischof von Hamburg Werner Thissen – früher Weihbischof und Generalvikar in Münster – bat darum, sich die Studie in Ruhe anschauen zu dürfen. Erst danach soll entschieden werden, ob er den Titel Ehrendomkapitular behält.

Zwischen 1945–2020 gab es laut Untersuchungen des fünfköpfigen Forscherteams mindestens 196 Kleriker als Täter und 610 minderjährige Opfer von sexuellem Missbrauch. Münster zählt nach dem Erzbistum Köln neben Freiburg und Stuttgart gemessen an der Zahl der Katholiken zu den größten Bistümern in Deutschland. Zum Bistum zählen auch Teile des Oldenburger Münsterlands in Niedersachsen. Nachweisen konnten die Forscher auch jahrzehntelanges Versagen in der Bistumsleitung sowie Vertuschen und Strafvereitelung durch Personalverantwortliche in verschiedenen Fällen.

Literatur

Hubertus Mynareck
Verrat an der Botschaft Jesu
Verlag Das Wort GmbH & Co.

Uli Weyland
Strafsache VATIKAN, Jesus klagt an
bettendorf'sche Verlagsanstalt, F.A. Herbig Verlagsbuchhandlung GmbH

Anette Großbongardt, Johannes Salzwedel (Hg.)
Die Bibel, Das mächtigste Buch der Welt
VerlagsgruppeRandom House FSC

Yuval Noah Harari
Eine kurze Geschichte der Menschheit
Verlagsgruppe Random House FSC
Deutsche Verlags-Anstalt München

Der Autor

Der 1937 geborene Hanns Bär ist im Ruhrgebiet aufgewachsen und hat Anfang der 60er Jahre geheiratet. Nach 15 Jahren in Süddeutschland und im Rheinland ist er ins Ruhrgebiet zurückgekehrt. Geprägt ist sein Leben von seinem Engagement für seine Arbeit. Dabei folgt er vor allem seinem Drang nach einem selbstbestimmten Berufsleben. Hinzu kam der Wunsch, ein naturnahes Leben zu führen – ein Wunsch, den er sich durch viele Camping-Ferien mit der Familie am Mittelmeer erfüllen konnte.

Der Verlag

VINDOBONA
VERLAG SEIT 1946

ein Verlag mit Geschichte

Bereits seit 1946 steht der Vindobona Verlag im Dienst seiner Bücher und Autoren. Ursprünglich im Bereich periodisch erscheinender Journale tätig, präsentiert sich der Verlag heute als kompetenter Partner für Neuautoren am deutschen, österreichischen und schweizerischen Buchmarkt. Engagement, Verlässlichkeit und Sachverstand – das sind die Grundpfeiler, auf denen der Verlag seit jeher sicher steht.

Sie möchten mit Ihrem Werk das vielseitige Verlagsprogramm bereichern? Der Vindobona Verlag garantiert Ihnen eine professionelle Prüfung Ihres Manuskriptes durch das Lektorat sowie eine zeitnahe Rückmeldung.

Genauere Informationen zum Verlag
finden Sie im Internet unter:

www.vindobonaverlag.com